JUJUTSU KAISEN 4

BATALHA DE FEITICEIROS

Gege Akutami

PANINI COMICS PLANET MANGA

Personagens de Jujutsu Kaisen

"Maldição". Sofrimento, arrependimento, vergonha... a energia funesta que nasce dos sentimentos humanos negativos guia as pessoas para a morte. Graças à intervenção de Gojou, Itadori se dedica ao treinamento como feiticeiro jujutsu escondendo o fato de estar vivo. Acompanhando o feiticeiro Nanami, eles começam a investigar mais um caso, encontrando pessoas que foram transformadas por Mahito, uma maldição. Ainda chocado com a situação, ele vai atrás de Junpei, o garoto que estava na sala de cinema onde ocorreram os assassinatos e ambos se tornaram amigos depois de conversar sobre filmes. Mas Mahito, por quem Junpei nutre admiração, planeja usar o garoto para lutar contra Itadori.

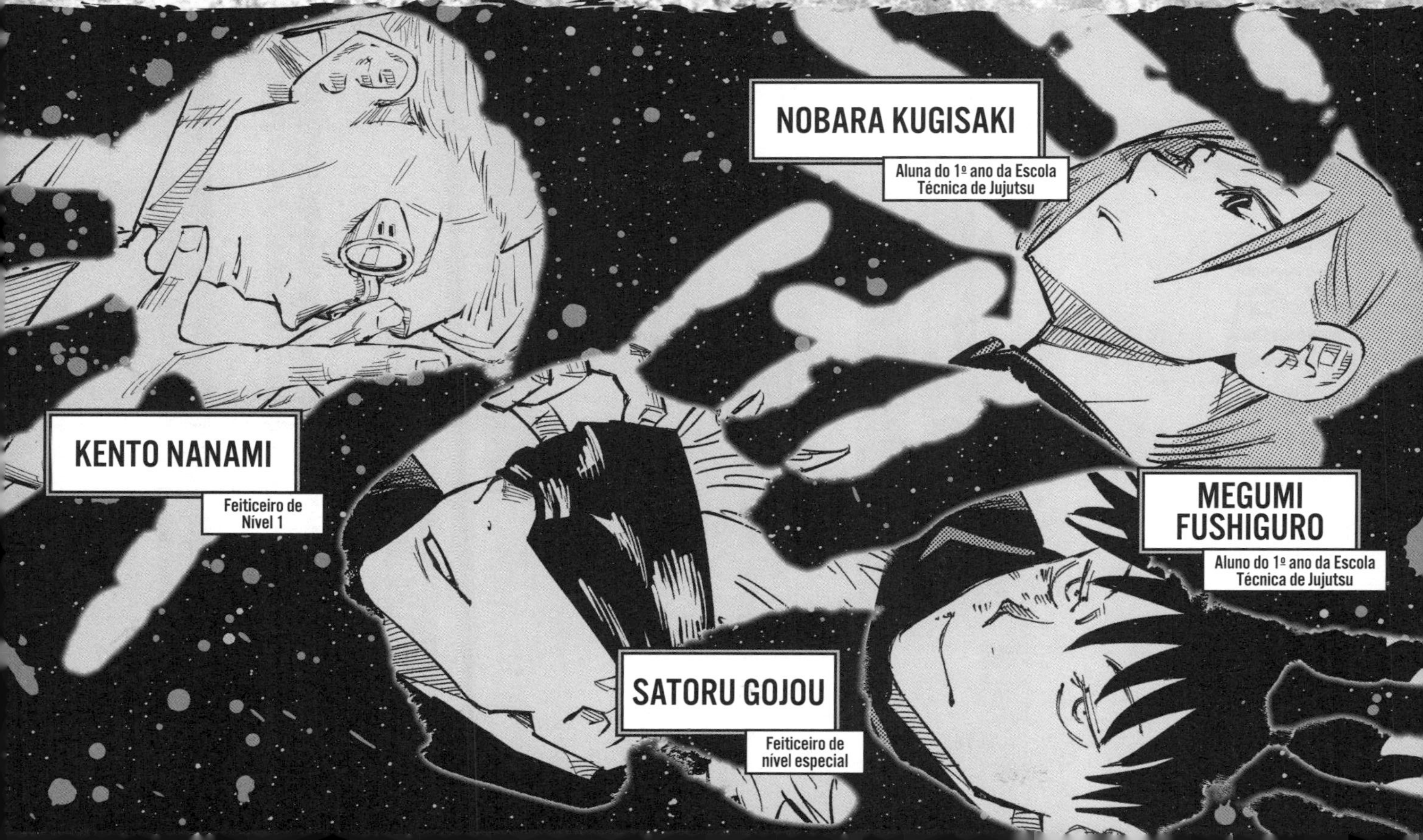
NOBARA KUGISAKI
Aluna do 1º ano da Escola Técnica de Jujutsu
MEGUMI FUSHIGURO
Aluno do 1º ano da Escola Técnica de Jujutsu
KENTO NANAMI
Feiticeiro de Nível 1
SATORU GOJOU
Feiticeiro de nível especial

JUJUTSU KAISEN

BATALHA DE FEITICEIROS

4

Tradução: Lidia Ivasa | Letras: Giovanni Kawano | Edição: Luiza Marcondes

Capítulo 26 Para você, algum dia

NÃO ADIANTA FALAR COM ELE.
PRECISO IR. DEIXO O RESTO COM VOCÊ...
...INO-KUN.
VRUP
ALGUM PROBLEMA?
ERR... É QUE SÃO MUITOS, SABE?
E SÃO HUMANOS, AINDA POR CIMA...
TAKUMA INO
Feiticeiro jujutsu de nível 2
HÃÃ?!
POSSO TRABALHAR NAQUELA SUA RECOMENDAÇÃO PARA O NÍVEL 1.
VHUUU!!
VOU DAR TUDO DE MIM!!
SAIA DA FRENTE, IJICHI-SAN.
......
NOSSO TRABALHO É AJUDAR AS PESSOAS.

EU NÃO VOU MAIS COMETER ERROS.
E ISSO INCLUI...
...VOCÊS, ESTUDANTES.
ITADORI-KUN...
...VOCÊ NÃO PODE IR.
DESCULPA...
...IJICHI-SAN.

"ORIZUKI!"

VUAAAH
POW

VUAH
ブワッ
ZRRR
ズザッ
UM SHIKIGAMI EM FORMA DE ÁGUA-VIVA! ELE ANULA O IMPACTO DO MEU GOLPE?!
SÓ VOU DIZER MAIS UMA VEZ.
NÃO SE INTROMETA, FEITICEIRO JUJUTSU!

VOCÊ NÃO TEM NADA A VER COM ISSO!
ZUH
ISSO NÃO É VOCÊ...
...QUEM DECIDE!
FWOSH
QUAL É O SENTIDO...
...DE SAIR SALVANDO OS OUTROS SEM CRI-TÉRIO ALGUM?
NÃO CONFUNDA O VALOR DA VIDA!!
VUAH

!!
AS PESSOAS SE ACHAM TÃO SUPERIORES POR TEREM SENTIMENTOS...
ザワ FRAH
ザワ FRAH
ザワ FRAH
ザワ FRAH
...MAS O CORAÇÃO É SÓ METABOLISMO DA ALMA! É UMA MENTIRA!
NÃO TENTE ME PRENDER A ESSAS REGRAS CRIADAS POR ILUSÕES!
NINGUÉM TEM O DIREITO DE IMPEDIR QUE UMA VIDA SEJA TOMADA.
FICA AÍ DORMINDO.
EU AINDA TENHO UMAS CONTAS A ACERTAR.
ガッ GASH

"JUNPEI, SUA TÉCNICA JUJUTSU..."
"...É A 'TOXINA'!"
A TOXINA REFINADA PELA ENERGIA AMALDIÇO-ADA...
...É SECRETADA PELOS TENTÁCULOS DO SHIKIGAMI.
COM O TEMPO, VOCÊ VAI APRENDER A CONTROLAR O TAMANHO E A FORÇA DELE.
VOU TE ENSINAR HABILIDADES QUE UM FEITICEIRO COMUM LEVARIA ANOS PARA DOMINAR.
LOGO VAI ESTAR PRONTO PARA LUTAR.
JUNPEI...
...VOCÊ TEM TALENTO.

PRA QUEM VOCÊ ESTÁ INVENTANDO ESSAS DES-CULPAS?
CRASH
POR QUÊ?!
O VENENO DO "ORIZUKI" NÃO FUNCIONOU?!
POR QUE ESTÁ ME ATRAPA-LHANDO?!
PÓIM
POR QUÊ?!!
ZRRR
TAP

POR QUÊ?!!
KLIM
!
ENQUANTO ELE ESTIVER NO AR, NÃO VAI CONSEGUIR DESVIAR!
NÃO!! VOU ACABAR COM ELE...

...NO
MOMENTO
EM QUE FOR
ATERRISSAR.
VUP
CRASH

NÃO ENTENDO NADA...
...DO QUE VOCÊ ESTÁ DIZENDO, JUNPEI.
NHÓIM
NHÓIM
COM TODOS ESSES ARGUMENTOS...
"AO LUTAR COM MANIPULADORES DE SHIKIGAMI..."
"...SEMPRE ATAQUE O PRÓPRIO FEITICEIRO."
...VOCÊ SÓ ESTÁ...
...TENTANDO CONVENCER A SI MESMO!

CRASH
NÃO SEI QUAL É A SUA MOTIVAÇÃO.
VOCÊ DEVE TER ALGUMA, NÉ?
MAS TUDO ISSO...
CLAC
...É IMPORTANTE A PONTO DE JOGAR FORA A SUA VIDA?
VOCÊ SERIA CAPAZ DE DIZER NA FRENTE DELA...
...QUE OS SENTIMENTOS DAS PESSOAS SÃO UMA ILUSÃO?!

AS PESSOAS NÃO TÊM CORAÇÃO.
VOCÊ AINDA...
NÃO TÊM!!
SE NÃO FOR ASSIM...
SE EU NÃO PENSAR ASSIM...
...QUER DIZER QUE EU E A MINHA MÃE...
...FOMOS AMALDIÇOADOS POR ALGUÉM COM UM CORAÇÃO?
ISSO SERIA...
...CRUEL DEMAIS.

EU JÁ NÃO SEI MAIS...
...O QUE É CERTO OU ERRADO.
ZUUH
HYUAH
TUNC
POR QUE NÃO ESQUIVOU...?
O QUÊ?
PLIC
PLIC

DESCULPA.
ポタ
PLIC
ポタ
PLIC
EU DISSE BESTEIRA SEM SABER DE NADA.
O QUE ACONTECEU?
CONTA PRA MIM.
EU NÃO VOU MAIS...
...TE AMALDIÇOAR, JUNPEI.
ENTÃO...

NÃO ACREDITO... SUA MÃE...
JUNPEI.
VEM COMIGO PRA ESCOLA DE JUJUTSU.
TEM UM PROFESSOR SUPER FORTE...
...E VÁRIOS COMPANHEIROS CONFIÁVEIS.

JUNTOS...
...VAMOS ENCONTRAR A PESSOA QUE AMALDIÇOOU SUA MÃE.
E VAMOS FAZER COM QUE PAGUE POR ISSO.
VAMOS LUTAR JUNTOS.

TAKUMA INO (21 ANOS)

• Tem um jeitinho de irmão mais novo, então todo mundo sempre se preocupa em ajudá-lo.

• Fica difícil ter essa perspectiva por causa do Gojou, mas boa parte dos melhores feiticeiros são de nível 2 e pré 1. Takuma não é nada fraco.

• Ele passou a nutrir grande admiração pelo Nanami depois que o ajudou em uma missão.

• Aliás, está de olho no relógio do Nanami e pensando em como ganhá-lo de presente quando ele trocar por um novo.

• Só apareceu em quatro quadros, mas já ganhou um perfil. Boa sorte em sua jornada para se tornar um feiticeiro jujutsu de nível 1!!

Capítulo 27 E se...

QUEM É VOCÊ?
UM HUMANO?
NÃO... ESSA SENSAÇÃO...
PRAZER EM CONHECÊ-LO...
...RECEPTÁ-CULO DO SUKUNA.
ボコ
PRAK
ボコ
PRAK

ESPERA, MAHITO-SAN!!
VUOSH

QUE IDIOTA EU SOU!! É UMA MALDIÇÃO COM FORMA HUMANA E ROSTO REMENDADO!!
É EXATAMENTE A DESCRIÇÃO QUE O NANAMI DEU!
FOGE, JUNPEI!!
NÃO SEI QUE RELAÇÃO VOCÊ TEM COM ELE, MAS...
...AGORA VOCÊ TEM QUE FUGIR!! POR FAVOR!!
ITADORI-KUN, ACALME-SE!
O MAHITO-SAN NÃO É MÁ PES...

MÁ...
...PESSOA.
POF
JUNPEI, VOCÊ ATÉ QUE É INTELIGENTE.
MAS, ÀS VEZES, PENSAR DEMAIS TE TORNA MAIS BURRO DO QUE QUEM PENSA DE MENOS.
ESSE É UM ÓTIMO EXEMPLO!
VOCÊ É QUASE TÃO IDIOTA...
...QUANTO OS HUMANOS QUE DESPREZA.

POR ISSO...
GYUN
TRANSFIGURAÇÃO INERTE.
...VOCÊ VAI MORRER.

スルッ
SUP
VAMOS...
...AO SEGUNDO ROUND.

JUNPEI...
POW
JUNPEI!!
GUUH
VOU FAZER COM QUE VOLTE AO NORMAL!!
AGUENTA FIRME!!
VAP

TUM
ドス
TUM
ドス
GUH!!
SUKUNA...
SUKUNAAA!!!
ぐぽっ
PLAC
O QUE É?
EU FAÇO QUALQUER COISA!! PODE ME USAR COMO QUISER!!
FAÇA COMO DAQUELA VEZ COM O MEU CORAÇÃO...
...E CURE O JUNPEI!!

EU ME RECUSO.
ÓTIMO. ELE SE ESQUECEU COMPLETAMENTE DAQUELE CONTRATO.
QUE DIVERTIDO.
MALDI-TO!!
HI. HI!
KEH. HI!

VOCÊ OFERECEU TUDO O QUE TEM, ATÉ MESMO SUA DIGNIDADE E SEU FUTURO!
VEIO IMPLORAR PRA MIM!
E AINDA NÃO CONSEGUE FAZER NADA!
ELE RECUSOU? NÃO É COMO SE PUDESSE FAZER ALGO EM RELAÇÃO À FORMA DA ALMA COM O FEITIÇO DE REVERSÃO. SERÁ QUE CURAR ESTÁ ALÉM DA SUA CAPACIDADE?
POBRE COITADO!!!
NÃO TEM COMO SER MAIS MISERÁVEL, HEIN, MOLEQUE?!
BOM, MAS MEU OBJETIVO VAI SE CONCRETIZAR A PARTIR DE AGORA. TUDO BEM.
HUH!

HÁ
HÁ
HÁ
HÁ
HÁ

HÁ
HÁ
HÁ
HÁ
HÁ

QUASE ME ESQUECI.
...ELES SÃO...
...MALDIÇÕES.

YUU... JI...
POR... QUÊ?
AH! JÁ MORREU?
ACHO QUE TRANSFORMEI ELE MUITO DEPRESSA, NÉ?
ACONTECE.

POW
INFELIZMENTE, NÃO VAI SURTIR EFEITO EM MIM.
VAP
QUE GOLPE ESTRANHO... MAS É INTERESSANTE!!

A FORMA DA ALMA SE MANTÉM...
PLIC
PLIC
PLIC
!?
O QUE É ISSO?! ELE ATINGIU MINHA ALMA?
É MESMO!!

YUUJI ITADORI É UM RECEPTÁCULO! SEU CORPO ABRIGA OUTRA ALMA ALÉM DA PRÓPRIA. POR ISSO, ELE NATURALMENTE...
...CONSEGUE SENTIR...
A SILHUETA...
...DE UMA ALMA!!
É COMO SE TODAS AS PALAVRAS QUE SAÍRAM DA MINHA BOCA ATÉ ENTÃO...
...FOSSEM UMA GRANDE MENTIRA.
E A MAIS PURA VERDADE VEIO DO MEU ÂMAGO.

VOU TE MATAR.
NÃO QUER DIZER "EXORCIZAR"?
FEITICEIRO JUJUTSU.

JUJUTSU KAISEN

BATALHA DE FEITICEIROS

Capítulo 28 Vou te matar

Capítulo 28 Vou te matar

YUUJI ITADORI NÃO SE IMPORTA COM A PRÓPRIA VIDA.
E GETOU É CONTRA O USO DE REFÉNS PARA FORÇÁ-LO A FIRMAR UM CONTRATO.
PRECISAMOS QUE ELE SINTA ÓDIO DE ALGUÉM A PONTO DE QUERER MATAR. ENTÃO, NÃO TERÁ ESCOLHA A NÃO SER PEDIR A AJUDA DO SUKUNA.
SE JUNPEI NÃO FOR O SUFICIENTE, VOU DESFIGURAR OS OUTROS ALUNOS, UM POR UM, DIANTE DE SEUS OLHOS.
VOU FAZER COM QUE YUUJI ITADORI, CEGO PELO ÓDIO, NEGOCIE COM SUKUNA E IMPONHA UM CONTRATO.
AUMENTAR AS CHANCES DE O SUKUNA SE TORNAR NOSSO ALIADO SERIA ÓTIMO. SÓ QUE ISSO PRESSUPÕE QUE EU SEJA MAIS FORTE DO QUE ELE.
MAS ELE É...

...MEU INIMIGO NATURAL.
POW

VAP
TAP
DEVO PARAR DE TENTAR AGARRÁ-LO?
ELE MUDA DE FORMA TODA HORA.
AGORA QUE SEI QUE OS GOLPES DELE PODEM ME ATINGIR...
...MUDAR DE FORMA E ME TORNAR UM ALVO MAIOR NÃO É UMA BOA IDEIA.
SE É ASSIM...

VOU GOLPEÁ-LO CENTENAS, MILHARES DE VEZES, ATÉ QUE...
...SE REDUZA A NADA!!
VOU INCORPORAR UMA FORMA APRIMORADA DE MATAR, A INSPIRAÇÃO...
...MORTAL!!

SHRAH

SLASH
PRAK
ZRR
ZUIIIN
ZUIIIN

VUOSH
VAP
VAP
VAP
ISSO AQUI NÃO VAI ESTICAR INFINITAMENTE!
GUH
NHUC

VRASH
ブシッ
GUUH
グギュ
FUP
グイ
VUAAAAAH
ブアアアアア

CRAAAASH
THUD
QUAL-
QUER OUTRA
PESSOA TERIA
SOLTADO.
SE ALONGAR DEMAIS
A FORMA, PERCO
O CONTROLE E A
RESISTÊNCIA.
SHRUH
TUM

VUSH

VRASH
GAH!
VOCÊ NÃO PODE ME VENCER.
AFF!
はあ
TROCA LOGO COM ELE.
VAI, CHAMA O SUKUNA.
GUH
TRANSFI-GURAÇÃO INERTE.

T-TUM
VAI TOCAR MINHA ALMA?
JÁ QUE RIMOS JUNTOS DA CARA DO MOLEQUE...
...VOU DEIXAR PASSAR. SÓ DESTA VEZ.
COLOQUE-SE NO SEU LUGAR...
...IMBECIL.

ガッ
GASH
NÃO VOU TROCAR.
EU JÁ DISSE...
...QUE VOU TE MATAR.

TUNC
TUNC
TUNC
TUNC
TUNC
SPLOSH

TAP
TUUUUM

AAAAAAAAAAAAAAH!

HÃ?
VUSH

KLIIIM
NANAMI!!

JUNPEI YOSHINO (17 ANOS)

- Quando estava no primeiro ano, fundou um clube de estudos de cinema com mais dois amigos, mas a sala do clube virou covil da gangue do Itou.
- Como foi o único que reagiu, tornou-se alvo de bullying. O clube acabou desaparecendo e Junpei perdeu o contato com os outros membros. A partir do segundo ano, ele parou de frequentar a escola.
- Se eu tivesse retratado a época acima, acho que teria mostrado mais do lado bom do Yoshino. Mas como seu desfecho já estava decidido desde o começo, acabei focando demais na parte ruim. Sinto que devo desculpas a ele.
- Acho que ele gosta de filmes tipo "Todo Mundo em Pânico".

Capítulo 29 Amadurecimento

VEJO QUE SOBREVIVEU, FEITICEIRO DO CABELO QUE A VACA LAMBEU.
QUE BOM QUE AMBOS ESTAMOS INTEIROS.
SHRUH
GUUH
QUER UM ABRAÇO?
PARA COMEMORAR NOSSO REENCONTRO.
FSSH
ITADORI-KUN, AQUELE SANGRAMENTO NO NARIZ DELE...
HÃ? EU DEI UM SOCO NELE.
QUANDO?
LOGO NO COMEÇO DA BRIGA.
VOCÊ TOCOU NA MÃO DELE?
SIM.

MEUS GOLPES NÃO SURTIRAM EFEITO.
HÃ?! POR QUÊ?
EXPLICO DEPOIS DA BRONCA.
① OS ATAQUES DELE NÃO FUNCIONAM COM O ITADORI-KUN.
② EXISTE UM MOTIVO PARA ELE NÃO MATAR O ITADORI-KUN.
SEJA QUAL FOR, É CONVENIENTE PARA NÓS.
MAS EU CONSIGO IMPEDIR OS MOVIMENTOS DELE.
VAMOS ABRIR BRECHAS UM PARA O OUTRO, ATACAR...
...E EXORCIZÁ-LO AQUI MESMO.
GRR
FALOU!!

GUUH
グヴッ
VOU ACABAR PRIMEIRO COM O FEITICEIRO DO CABELO LAMBIDO...
...ENQUANTO FICO DE OLHO NO YUUJI ITADORI.
PLIC
ZAZAZAH
ザザザザ
KLIIM
TAP
ロッ

ピリ
PIK
ピリ…
PIK
VRASH
V-VAP

PRAK
PRAK
PRAK
GISH
ACHAVA ESSE FORMATO TÃO. BOM. MAS ELES ESQUIVARAM.
E AGORA ESTÃO QUEBRANDO AS EXTREMIDADES, QUE SÃO O PONTO MAIS FRÁGIL.
SÓ FUNCIONA CONTRA LIXO.
VOU PARAR DE USAR.

TUM
NHÓIM
UM POUCO ANTES DE MUDAR DE FORMA...
...ELE ACUMULA ENERGIA AMALDIÇOADA.
MUITO BEM.
SE MANTER UMA FORMA PEQUENA, O YUUJI ITADORI PODE ME MATAR COM UM GOLPE.
É MESMO MEU INIMIGO NATURAL. VOU DEIXÁ-LO OCUPADO.
UH!
NHÓIM

BLEARGH!
ゲロ…
NHUC
HUMANOS MODIFICADOS!!
ELE AINDA TINHA UM ESTOQUE?!!
MATEM O MOLEQUE DE CABELO CURTO.
ZUZUZUH
ズズズ…
ダダダッ
TAP
TAP
TAP

COMO
PENSEI...
VAP
SHPAH
...ELE É
INCAPAZ
DE MATAR
PESSOAS.

TAP
TAP
TAP
TAP
TAP
TAP
GASH
THUD

BRIN...
CAR...
~~~!!
NHÁC
V-VÁP
ZRR
POR...
...VOR...
ME
MATE.
~~~

ACHO QUE VOU FAZER VOCÊ LUTAR COM ELE AGORA.
SERÁ QUE O MOLEQUE VAI CHORAR?
ELE NÃO SABE DISTINGUIR A REALIDADE DE SEUS PRÓPRIOS IDEAIS.
QUE PIRRALHO IMBECIL.
ZUZUZUH
ズズズ…
VOCÊ ESTÁ ENGANADO.
ELE ESTÁ PASSANDO POR ESSE PROCESSO NESTE EXATO MOMENTO.
SE QUER MESMO SABER...

...O IMBECIL
É VOCÊ.
CRASH
THUD
CONSEGUIU
MATÁ-LOS, É?
MISH
MISH
MISH

EU JÁ SEI COMO
O CABELO QUE A
VACA LAMBEU AGE.
VOU MUDAR
DE FORMA
LOGO ANTES
DO IMPAC...!
POW

TÚM
NÃO TENHO TEMPO DE CRIAR UM SUBSTITUTO.
AH, MAS...
ISSO É...
...QUE INSPIRAÇÃO RENOVADORA.

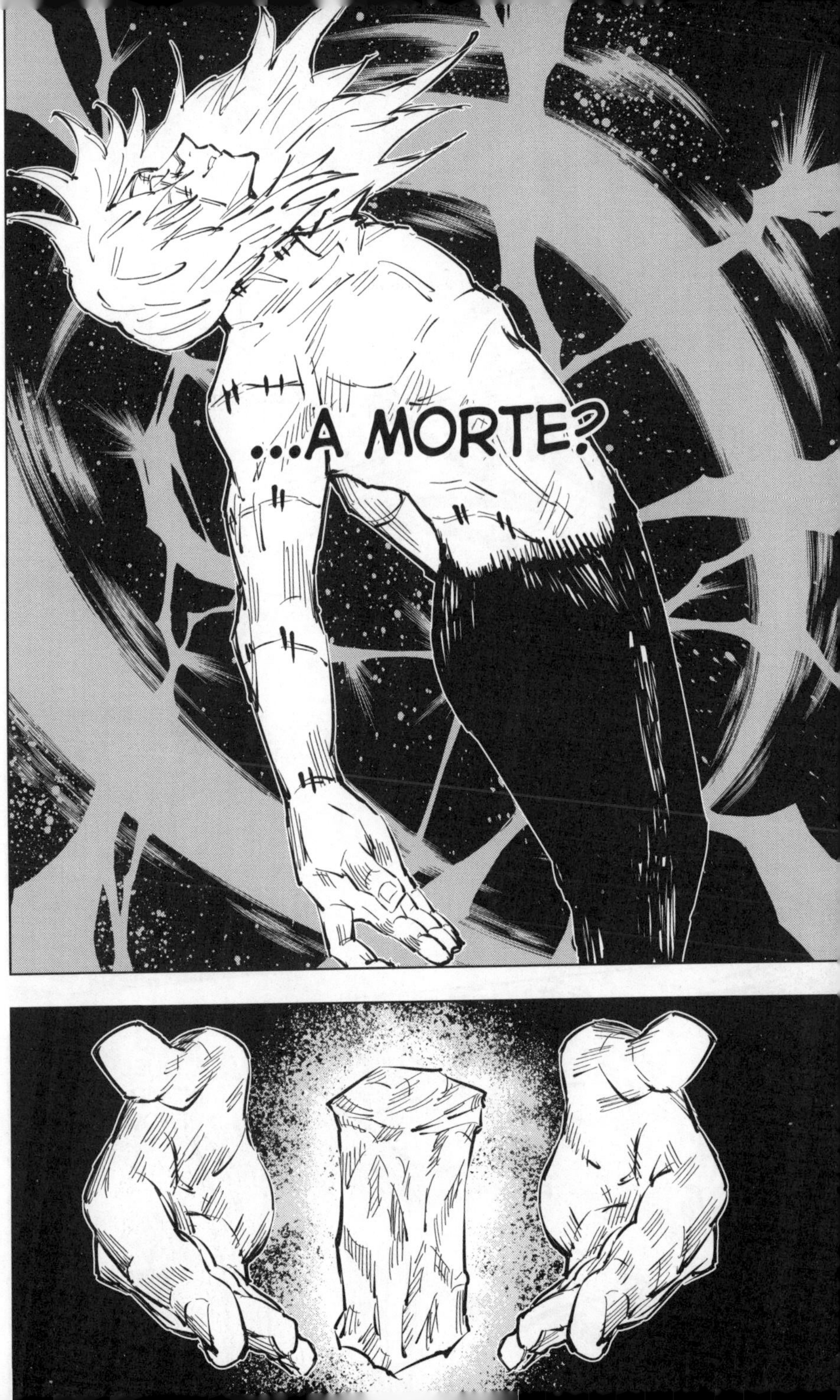
...A MORTE?

AGORA, EU CONSIGO.
EXPANSÃO...
...DO DOMÍNIO.

AUTOPERSONIFICAÇÃO DA PERFEIÇÃO.
DROGA.

SOU...
...APENAS GRATO A VOCÊ.

EXPLICAÇÃO DA BRIGA DO MAHITO, PARTE ①

Capítulo 30 Egoísmo

EXPANSÃO DO DOMÍNIO.
AGORA QUE ESTOU DENTRO DE SEU DOMÍNIO, DE ONDE NÃO TENHO COMO ESCAPAR...
PROVAVELMENTE, A CONDIÇÃO PARA QUE ELE MANIFESTE SEU DOMÍNIO E POSSA INTERFERIR COM A ALMA DO ALVO É TOCÁ-LO COM A PALMA DA MÃO EM SUA FORMA BASE.
UMA TÉCNICA DO JUJUTSU QUE NUNCA CONSEGUI ALCANÇAR. DENTRO DO DOMÍNIO INATO, CRIADO COM ENERGIA AMALDIÇOADA, TODO ATAQUE É MORTAL E IMPOSSÍVEL DE SE EVITAR.
...ESTOU EM SUAS MÃOS.
...LITERAL-MENTE...!!

DROGA.
FEITICEIROS JUJUTSU SÃO UMA DROGA. ÀS VEZES, É PRECISO OBRIGAR UM COMPANHEIRO A DESISTIR DA PRÓPRIA VIDA POR OUTRAS PESSOAS.
FOI POR ISSO QUE EU PAREI. OU MELHOR, FOI POR ISSO QUE FUGI.

O SENHOR GOSTA?
DE CASSE-CROÛTE?
HEIN?
HÃ?
É QUE O SENHOR SEMPRE COMPRA ESSE SANDUÍCHE.
STAFF ONLY
AH, ERR... SIM.
NA LOJA DE CONVENIÊNCIA DO MEU BAIRRO NÃO VENDE MAIS.

O DAQUI É MAIS GOSTOSO, NÉ?
BOM, É PORQUE AQUI É UMA PADARIA.
UAU, QUE SECO.
VOLTE SEMPRE!
NIIH!
BAKERY BAKERY
BAKERY
UANG UANG
UM PEQUENINO... NÃO DEVE CAUSAR PROBLEMAS, MESMO QUE EU IGNORE.
SERÁ UM PROBLEMA SE EU DER CABO DELE E ACABAREM ACHANDO QUE SOU ALGUM TIPO DE MÉDIUM.
BAKERY

TÁ VENDENDO BEM? ☆
QUANDO CONFIAM DINHEIRO A VOCÊ, É COMO SE CONFIASSEM SUAS VIDAS.
NEM PRECISO DIZER QUE ISSO INCLUI O EQUILÍBRIO ENTRE O LUCRO E O RISCO.
NÃO PRECISA FAZER NADA DE MAIS NO COMEÇO.
SÓ NÃO SE ESQUEÇA DE SER SINCERO COM OS CLIENTES.
SIM!
NANAAAAMI.
NÃO FALA SÓ ESSAS COISAS CHATAS.
VAI ASSUSTAR O NOVATO.
GUH

NOVATO, O QUE VOCÊ DEVE THINK FIRST É NO LUCRO DA EMPRESA. ESSA É A CONNECTION COM O LUCRO DO CLIENT!!
MESMO QUE SEJA PARA CONVENCÊ-LOS A COMPRAR AÇÕES RUINS E SEM PERSPECTIVA DE CRESCIMENTO?
OF COURSE!! É UM PAGAMENTO JUSTO FOR US, QUE PASSAMOS O DIA INTEIRO ENCARANDO THE MARKET.
NANAMIII.
JÁ É O SEU SEGUNDO ANO AQUI. VOCÊ É UM HOMEM CLEVER. OUSE MAIS.
TAP
たんっ
ESPERO BASTANTE DE VOCÊ.
NUNCA FUI O TIPO DE PESSOA LIGADA A CONCEITOS COMO "MOTIVAÇÃO" E "RAZÃO DE VIVER". QUERO JUNTAR DINHEIRO ATÉ OS 40 ANOS E APROVEITAR O RESTO DA VIDA SEM ESTRESSE EM UM PAÍS COM BAIXO CUSTO DE VIDA.

PASSARAM-SE QUATRO ANOS DESDE QUE SAÍ DA ESCOLA TÉCNICA DE JUJUTSU. DORMINDO OU ACORDADO, SÓ PENSO EM DINHEIRO.
COM DINHEIRO, POSSO FICAR LONGE DE MALDIÇÕES E PESSOAS. DINHEIRO, DINHEIRO, DINHEIRO, DINHEIRO, DINHEIRO, DINHEIRO, DINHEIRO...

O SENHOR ESTÁ BEM?
TEM DORMIDO DIREITO?
E VOCÊ?
TAMBÉM PARECE ESTAR BEM CANSADA.
AH.
DÁ PARA PERCEBER?
SINTO MEUS OMBROS PESADOS E O SONO É LEVE ULTIMAMENTE.
とん
POF
とん
POF
MEU TRABALHO É PEGAR O DINHEIRO DE PESSOAS RICAS...
...E FAZER COM QUE FIQUEM AINDA MAIS RICAS.
SINCERAMENTE, NINGUÉM SENTIRIA FALTA SE EU NÃO EXISTISSE.
MAS QUEM QUER COMER PÃO SENTIRIA FALTA SE OS PADEIROS NÃO EXISTISSEM, NÉ?

NÃO SEI POR QUÊ, MAS ACABEI SAINDO DESSE CICLO HUMANO.
ACHO QUE O PAGAMENTO É MELHOR NO MEU TRABALHO.
PENSANDO BEM, É UMA HISTÓRIA ESQUISITA, NÉ?
T-TÁ SE GABANDO!!
NÃO É ISSO.
PODE DAR UM PASSO PARA FRENTE?
?
PASH
COMO...
...ESTÃO SEUS OMBROS?
PSSSH

HÃ? ERR...
UÊ?!
TÁ BEM MAIS LEVE!!
SE SENTIR ALGUM DES-CONFORTO, PROCURE UM HOSPITAL.
COM LICENÇA.
EI, ESPERA!!
カラン
CLANG
カラン
CLANG
ESPERA!
ERR...
BAKERY
OBRIGADA!!
VOLTE SEMPRE!!

"OBRIGADA".
UÉ?! NÃO OUVIU?!
OBRIGADA!! VOLTE!! SEMPRE!! TÁ?!!
NUNCA ACHEI QUE EU FOSSE O TIPO DE PESSOA QUE SE IMPORTA COM UMA "RAZÃO DE VIVER".
SATORU GOJOU
TAP
TAP
ALÔ? É O NANAMI. PODEMOS CONVERSAR?
SIM. PODE SER AMANHÃ. VOU ATÉ A ESCOLA.
DO QUE VOCÊ ESTÁ RINDO?

SOU...
...APENAS GRATO A VOCÊ.
TRANSFIGURAÇÃO INERTE.
TCHAK
チャッ
EU DISPENSO SUA GRATIDÃO.
JÁ RECEBI O BASTANTE.
NÃO TENHO ARREPENDIMENTOS.

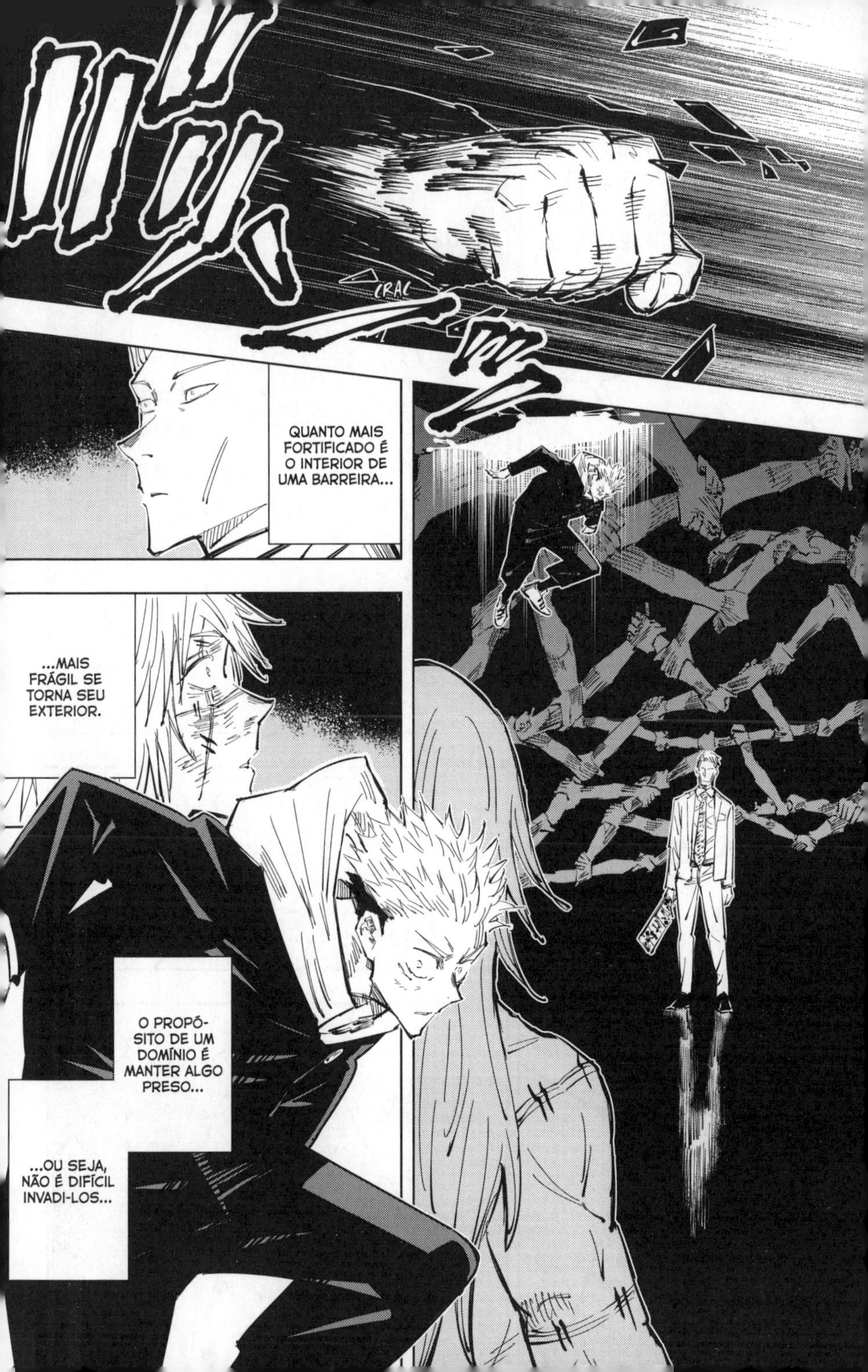

CRAC
QUANTO MAIS FORTIFICADO É O INTERIOR DE UMA BARREIRA...
...MAIS FRÁGIL SE TORNA SEU EXTERIOR.
O PROPÓSITO DE UM DOMÍNIO É MANTER ALGO PRESO...
...OU SEJA, NÃO É DIFÍCIL INVADI-LOS...

...AFINAL, NÃO HÁ VANTAGEM ALGUMA PARA O INVASOR.
EM DOMÍNIOS COMO "MURYOU KUUSHO" E "AUTOPERSONIFICAÇÃO DA PERFEIÇÃO", POR EXEMPLO...
...A VITÓRIA É PRATICAMENTE CERTA NO MOMENTO EM QUE O ADVERSÁRIO É PRESO EM SEU INTERIOR.
PORÉM, DENTRO DE YUUJI ITADORI...
ESSA NÃO.
T-TUM
EU ACHEI...
...EXISTE UMA ALMA QUE NÃO SE DEVE TOCAR.
...QUE JÁ TINHA AVISADO...

...QUE SÓ DEIXARIA PASSAR UMA VEZ.
FIP

SHPAH

!!
O GO-
VERNANTE
DO SEU
PRÓPRIO
MUNDO.
AQUELE
QUE VIVE
APENAS
POR SEU BEL-
PRAZER OU
DESGOSTO.
PARA
RYOMEN
SUKUNA...
...A MORTE
DE NANAMI OU
DE MAHITO...
...NÃO FAZ
DIFERENÇA
ALGUMA.

APENAS UMA PESSOA DESPERTA SUA CURIOSIDADE.
O RESTANTE...
...REALMENTE NÃO IMPORTA.
VUSH

EXPLICAÇÃO DA BRIGA DO MAHITO, PARTE ②

Capítulo 31 Até amanhã

ザバァァァ
SPLOOOSH
O QUE ACONTECEU?
PASSADO 0,1 SEGUNDO DO INIMIGO TER CAÍDO INCONSCIENTE...
...OS SEGUINTES PENSAMENTOS AFLUÍRAM À MINHA MENTE...
LIMITE.
PERDA DE SANGUE.
DOMÍNIO.
NANAMI.
SOBRE-VIVÊNCIA.
POSSO MATAR.

!?
TAP
VOU TE MATAR!
USAR A EXPANSÃO DO DOMÍNIO É UM CONSUMO BRUTAL DE ENERGIA AMALDIÇOADA.
É O ÚLTIMO TRUNFO, A TÉCNICA MÁXIMA. E O MALDITO SUKUNA...!!

PRAK
ボゴォ
MAS ESTE É UM MOMENTO CRÍTICO!! PRECISO REUNIR...
PRAAAK
ボゴゴゴ
...TODA A ENERGIA AMALDIÇOADA QUE ME RESTA!!
ザオー
TADAAM

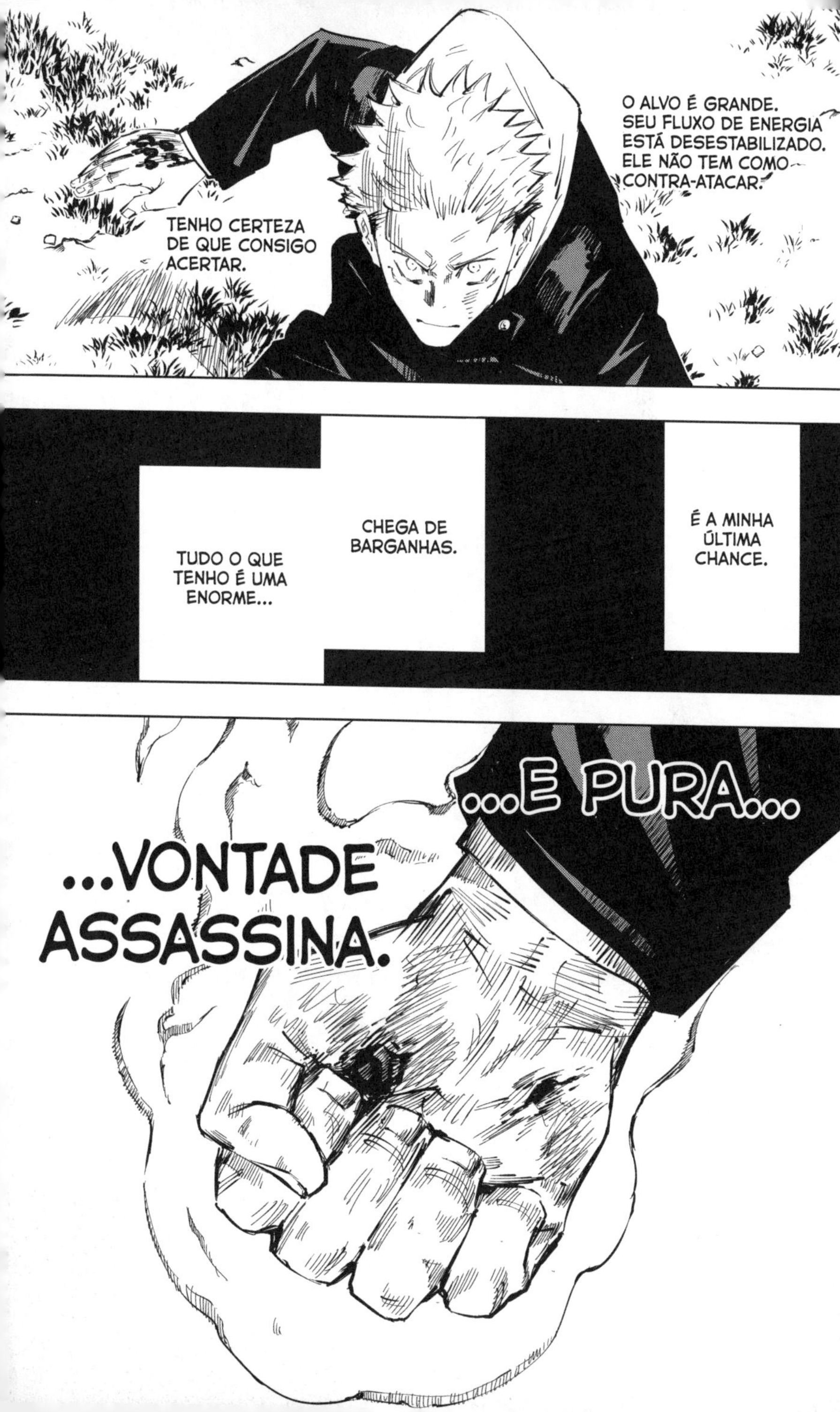
O ALVO É GRANDE.
SEU FLUXO DE ENERGIA ESTÁ DESESTABILIZADO.
ELE NÃO TEM COMO CONTRA-ATACAR.
TENHO CERTEZA DE QUE CONSIGO ACERTAR.
É A MINHA ÚLTIMA CHANCE.
CHEGA DE BARGANHAS.
TUDO O QUE TENHO É UMA ENORME...
...E PURA...
...VONTADE ASSASSINA.

PUNHO DIVERGENTE.
PLAC

TUM
TUM
TUM
TUM
TUM

PAAAM
QUÊ?
NÃO SENTI RESISTÊNCIA ALGUMA!

ZRRR
TCHAUZIIIINHO!
ESPERA!!
CRASH
ZUP
FOI DIVERTIDO.

TSC!
INO-KUN, O ALVO PRINCIPAL ESCAPOU PELO ESGOTO.
SIM. FOI NA DIREÇÃO SUDESTE DE ONDE ESTÁVAMOS. FAÇA UMA BUSCA COMPLETA.
ESTÁ FERIDO, ENTÃO VOCÊ CONSEGUE EXORCIZÁ-LO.
NÓS TAMBÉM VAMOS ATRÁS DELE.
ITADORI-KUN!!
THUD

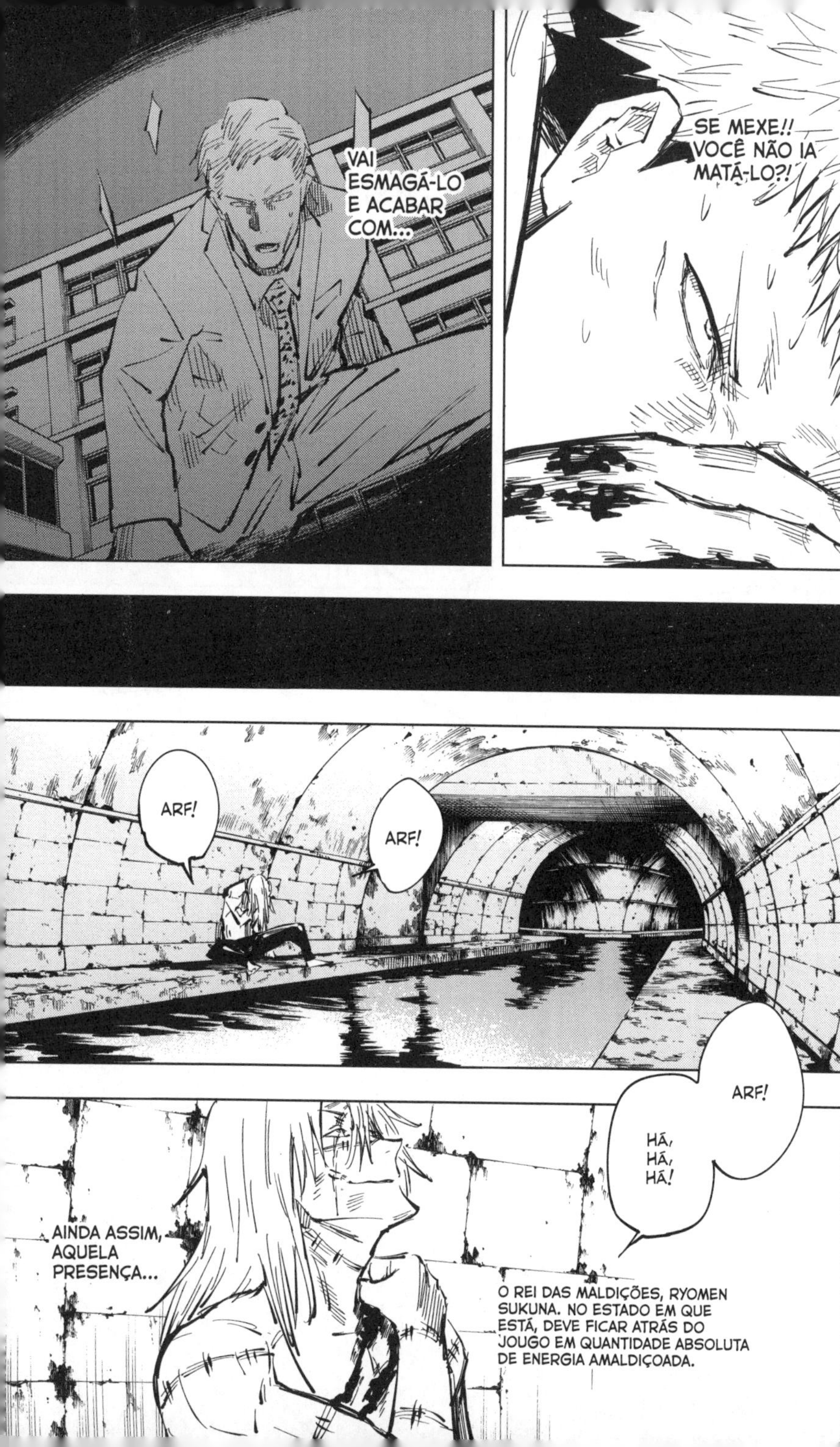
SE MEXE!! VOCÊ NÃO IA MATÁ-LO?!
VAI ESMAGÁ-LO E ACABAR COM...
ARF!
ARF!
ARF!
HÁ, HÁ, HÁ!
AINDA ASSIM, AQUELA PRESENÇA...
O REI DAS MALDIÇÕES, RYOMEN SUKUNA. NO ESTADO EM QUE ESTÁ, DEVE FICAR ATRÁS DO JOUGO EM QUANTIDADE ABSOLUTA DE ENERGIA AMALDIÇOADA.

SUA ALMA ESTÁ EM OUTRO NÍVEL.
ISSO É CERTEZA. MESMO QUE ELES DESTRUAM TODOS NÓS...
...SE SUKUNA RETORNAR, A ERA DAS MALDIÇÕES CHEGARÁ.
MAS NÃO ESPERAVA POR ISSO...
ぶるっ
BRR
AGORA, TUDO O QUE CONSIGO PENSAR É EM...
...MATAR O YUUJI ITADORI.
AAAAH! QUE FRUSTRANTE!
MAS TUDO BEM...

DIFERENTE DO CORPO...
...UMA ALMA PODE SER MORTA MUITAS VEZES.
COMO VOU MATAR DA PRÓXIMA VEZ?
NÃO TE DISSERAM PARA FICAR DE REPOUSO?

ITADORI-KUN.
VAI ME DAR BRONCA AGORA?
COMO VOU REPREENDER ALGUÉM QUE SALVOU MINHA VIDA?
EU?
O FEITIÇO DO CARA REMENDADO INTERFERE NA ALMA.
QUANDO INVADIU O DOMÍNIO DELE, VOCÊ ACABOU FORÇANDO-O A TOCAR A ALMA DO SUKUNA, QUE FICOU FURIOSO.
FUI SALVO GRAÇAS A ISSO.
MAS ELE NÃO SE APODEROU DO MEU CORPO.
NÃO FOI O SUKUNA QUE SAIU, FOI O OUTRO QUE ENTROU.

ENTÃO QUEM TE SALVOU NÃO FUI EU...
...FOI O CAPRICHO DELE.
NANAMI...
EU MATEI PESSOAS HOJE.
AS PESSOAS MORREM. NÃO TEM JEITO DE EVITAR ISSO.
MAS GOSTARIA QUE TIVESSEM UMA MORTE JUSTA...
...PELO MENOS, ERA ASSIM QUE EU PENSAVA.
POR ISSO, SEMPRE PENSEI EM COMO IMPEDIR QUE OS OUTROS PUXASSEM O GATILHO.
MAS, AGORA QUE EU MESMO PUXEI, NÃO ENTENDO MAIS.
O QUE É UMA MORTE JUSTA?

NÃO SEI DIZER. MESMO QUE PENSEMOS...
...QUE É JUSTO QUE A MORTE SEJA TRANQUILA PARA UMA PESSOA BOA E VENHA COMO PUNIÇÃO PARA ALGUÉM MAU...
...GRANDE PARTE DAS PESSOAS NESTE MUNDO NÃO É COMPLE-TAMENTE BOA OU MÁ.
A MORTE É O DESTINO FINAL DE TODOS, MAS...
...É ÚNICA PARA CADA UM DE NÓS.
QUERER GUIAR TODOS PARA UMA MORTE JUSTA VAI ENVOLVER MUITO SOFRIMENTO.
EU NÃO RECOMENDO QUE TENTE.
MAS VOCÊ VAI AGIR ASSIM, MESMO QUE EU DIGA O CONTRÁRIO, NÃO É?
......
PEÇO QUE NÃO DEIXE QUE ISSO SE TORNE A CAUSA DE SUA MORTE.
ASSIM COMO EU TERIA MORRIDO HOJE SE NÃO FOSSE POR VOCÊ...
...MUITAS PESSOAS VÃO PRECISAR DA SUA AJUDA DAQUI EM DIANTE.

AFINAL, VOCÊ JÁ É...
...UM FEITICEIRO JUJUTSU, ITADORI-KUN.
"EM OUTRAS PALAVRAS..."
"...EU TAMBÉM NÃO TE RECONHEÇO COMO UM FEITICEIRO."

QUANDO TERMINAREM, COLOQUEM NESTA CAIXA.
NÃO PRECISAM ESCREVER OS SEUS NOMES.
Enquete sobre bullyi
Ano Turma
※Pode ser anônimo

ITOU, FOI VOCÊ QUEM DEIXOU AQUELA CICATRIZ NO YOSHINO...
...NÃO FOI?
OLHA QUEM FALA. NAQUELA HORA, FICOU TREMENDO DE MEDO E NÃO FEZ NADA.
JÁ CHEGA DESSE ASSUNTO.
ALIÁS...
ELE SAIU DA ESCOLA E SE MUDOU, NÃO É?
...MEU BRAÇO ESQUERDO AINDA NÃO MEXE BEM DEPOIS DAQUILO.
ESTOU FALANDO DO QUE VOCÊ FEZ.
VOCÊ É QUEM DEVE REFLETIR SOBRE A PUNIÇÃO QUE RECEBEU.

E A SUA PUNIÇÃO, PROFESSOR?
A MINHA...
...ESTÁ A CAMINHO.
PRIMEIRO, PRECISO PENSAR SOBRE TUDO O QUE NÃO VI.
VOU PRESTAR MAIS ATENÇÃO.
EU E VOCÊ...
...VAMOS CARREGAR PARA O RESTO DA VIDA...
...A CULPA POR MATAR OS SENTI-MENTOS DO YOSHINO.
ESTOU DE OLHO EM VOCÊ...
...ITOU.

NÃO CONSIGO ENTENDER O QUE É UMA MORTE DIGNA.
ENTÃO, ATÉ QUE EU ENTENDA, ATÉ QUE EU O MATE...
...NÃO VOU MAIS PERDER.

EXPLICAÇÃO DA BRIGA DO MAHITO, PARTE ③
QUER TROCAR POR OUTRA PESSOA?
NÃO, ESSE AQUI TÁ BOM.

Capítulo 32 Exame de consciência

オオオオ…
OOOO
FUUH!
AH!! LÁ ESTÁ!!
NÃÃÃÃO!!
JOUGOOO!!
TADAAAM! PELADÃO!
MAL-DIÇÃO

TCHIBUUUM
PLASH
PARECE QUE RECUPEROU A ENERGIA.
POIS É. AQUI É AGRADÁVEL. NENHUM HUMANO POR PERTO.
NÃO TER UM CORPO É PROBLEMÁTICO, PORQUE A REPOSIÇÃO DE ENERGIA É RUIM.
MAHITO, SUA ENERGIA TAMBÉM PARECE BEM EXAURIDA.
PLASH
AH, DÁ PRA NOTAR? PARECE QUE O SUKUNA E O RECEPTÁCULO SÃO MEUS INIMIGOS NATURAIS.

TUDO COMEÇOU COM O BRINQUEDO QUE ACHEI POR ACASO...
BRINQUEDO
...MAS AS COISAS NÃO DERAM MUITO CERTO.
NO COMEÇO FOI LEGAL, MAS...
AINDA ACHO QUE DEVIA TER PEGO UM REFÉM E FORÇADO UM CONTRATO NA LATA.
SE NÃO QUISER QUE ELE MORRA...
...CEDA O CORPO PRO SUKUNA.
NÃO. UM CONTRATO É ALGO IMPOSTO A SI MESMO.
NÃO É TÃO SIMPLES FORÇAR ALGUÉM A FIRMAR UM.
DEVIA TER MANTIDO A FORMA DO JUNPEI E ACERTADO UM PONTO VITAL.
ASSIM, O SUKUNA PODERIA TER CURADO COM O FEITIÇO DE REVERSÃO.
NÃO... COM AQUELA PERSONALIDADE, ELE TERIA RECUSADO DE QUALQUER JEITO.
JOUGO. EU TOQUEI NA ALMA DO SUKUNA E PERCEBI...
...QUE PODEMOS PROSSEGUIR COM O PLANO DO GETOU.
O SUKUNA VALE A PENA.

ESTÁ FALANDO DE REUNIR TODOS OS DEDOS...
...E OFERECER AO SUKUNA?
MESMO QUE O RESULTADO SEJA A NOSSA DESTRUIÇÃO?
HEH!
AH, JÁ SABIA?
MUITO BEM.
NÃO HÁ NECESSIDADE DE QUE SEJA EU A ESTAR RINDO EM UM DESERTO DEVAS-TADO DAQUI A CEM ANOS.
CONTANTO QUE AS MALDIÇÕES POSSAM VIVER COMO PESSOAS, TUDO BEM.
ENTÃO, PRECISAMOS RECOLHER OS SEIS DEDOS QUE ESTÃO NA ESCOLA TÉCNICA DE JUJUTSU.

OS FEITICEIROS ESTÃO USANDO O YUUJI ITADORI...
...PARA QUE ELE INCORPORE OS DEDOS DO SUKUNA, NÃO É?
VÃO DAR PRA ELE COMER.
É NECES-SÁRIO?
O ALTO ESCALÃO DA ESCOLA TEM DÚVIDAS EM RE-LAÇÃO À RESIS-TÊNCIA DE YUUJI ITADORI COMO RECEPTÁCULO.
NÃO SABEM A PARTIR DE QUANTOS DEDOS ELE PODE SE DESCON-TROLAR.
PRETENDEM REUNIR TODOS OS DEDOS ANTES DE FAZER COM QUE ELE ENGULA TUDO DE UMA VEZ... EMBORA EXISTA UMA EXCEÇÃO.
NÃO PODEMOS ESPERAR ATÉ LÁ.
EXCEÇÃO.
NA PIOR DAS HIPÓTESES, ELES PODEM MATAR O YUUJI ITADORI.
QUEM NÃO ARRISCA, NÃO PETISCA, HEIN?
BOM, O QUE VAMOS FAZER?
JÁ DEI UM JEITO.
FOI POR ISSO QUE DEIXEI A ESCOLA COLETAR O DEDO QUE TÍNHAMOS.
NANAMI, CONTA UMA HISTÓRIA ENGRAÇADA?
......

AH, JÁ SEI!
FIP
VAMOS FAZER UM VÍDEO FALANDO DA SEPARAÇÃO DE POLÍTICA E RELIGIÃO ENQUANTO JOGAMOS BOLA COM UM ONIGIRI ESTRAGADO.
VAI VIRALIZAR!
FAÇA SOZINHO.
"JÁ SEI", É?
ENTÃO VAMOS FAZER O "JOGO DA LINHA YAMANOTE" COM SEUS FATOS PREFERIDOS SOBRE SATORU GOJOU!!
CLAP
CLAP
"TUDO"!!
FLAP
CONTINUE ASSIM.
ESSE TIPO DE BOBAGEM FARIA BEM PARA O ITADORI-KUN AGORA.
"VAI PARTICIPAR DE ALGUMAS MISSÕES MAIS ARRISCADAS."
SOBRE O DEDO QUE FOI ACHADO NA CASA DO TAL YOSHINO, O YUUJI...
NÃO CONTEI.
ELE PRO-VAVELMENTE SE RESPONSA-BILIZARIA SEM NECESSIDADE.
GUH
NÃO ERA BEM O QUE EU TINHA EM MENTE QUANDO DISSE "MISSÕES MAIS ARRISCADAS".
QUE BOM QUE DEIXEI ELE COM VOCÊ.

E O DEDO?
ENTREGUEI PARA A ESCOLA. SE ENTREGASSE A VOCÊ, DARIA PARA O ITADORI-KUN COMER, NÃO É?
TSC!
AH, PROFES-SOR!!
VAMOS LOGO ENCONTRAR O PESSOAL!
AH, O NANAMI TAMBÉM ESTÁ AQUI.
O REENCONTRO EMOCIONANTE!
OS VETERANOS DO SEGUNDO ANO!
A ESCOLA DE KYOTO!
わく PLIM
わく PLIM
わく PLIM
わく PLIM
YUUJI... VOCÊ FICOU ESCONDIDO POR TANTO TEMPO E AGORA VAI APARECER COMO SE NADA TIVESSE ACONTECIDO?
HÃ?
POR QUE NÃO?!
NÃO É TODO DIA QUE UM FEITICEIRO JUJUTSU PODE DAR ALÔ PROS COLEGAS DOIS MESES DEPOIS DE SER DADO COMO MORTO.
VAMOS PREPARAR...
...UMA SURPRESA!!

UMA SURPRESA...
BOM...
...DEIXA COMIGO.
SEUS COLEGAS DO PRIMEIRO ANO VÃO CHORAR E RIR DE ALEGRIA E SURPRESA.
OS VETERANOS E OS ALUNOS DE KYOTO SERÃO LEVADOS PELA SITUAÇÃO E VÃO CHORAR TAMBÉM.
ALGUÉM COM CERTEZA VAI ATÉ VOMITAR DE TANTO SOLUÇAR.
NO FIM DAS CONTAS, O AQUECIMENTO GLOBAL SERÁ SOLUCIONADO.
BOA!!
COOL!!
O QUE TENHO QUE FAZER?! PROFESSOR, O QUE EU FAÇO?!
NÃO PRECISA FAZER NADA!! FAÇA SÓ O QUE EU DISSER!!
ENTÃO, O QUE DEVO FAZER?!
JÁ NÃO É SURPRESA O BASTANTE QUE ELE ESTEJA VIVO?
......
QUÊ?

CADÊ A BAGAGEM DE VOCÊS?!
?
FUÉM
POR QUE ESTÁ CARREGANDO UMA MALA?
COMO ASSIM? VAMOS PRA KYOTO, NÉ?
?
PRO INTERCÂMBIO "NA" ESCOLA IRMÃ DE KYOTO.
É O INTERCÂMBIO "DA" ESCOLA IRMÃ DE KYOTO.
EM TOKYO.
MENTIRAAAAA!
É POR ISSO QUE A CONVERSA NÃO ESTAVA BATENDO ULTIMAMENTE.
POIS É.

O INTERCÂMBIO É REALIZADO NA ESCOLA VENCEDORA DO ANO ANTERIOR.
E POR QUE VENCERAM?!
IDIOTAS!!
NÓS NEM PARTICIPAMOS.
SÓ O YUUTA PARTICIPOU, PORQUE NÃO TINHAM O NÚMERO SU-FICIENTE.
FOI ANTES DA RIKA DISSIPAR, NÉ?
PARECE QUE FOI UMA VITÓRIA ESMAGADORA.
COMO FOI EM KYOTO, EU NÃO VI.
YUUTA OKKOTSU, NÃO TE PERDOO!!
APESAR DE NUNCA TER TE CONHECIDO!!
VAI SUJAR OS JOELHOS, HEIN?
EI.
ELES CHEGARAM.

UÉ, VIERAM NOS RECEPCIO-NAR?
QUE NOJO.

CADÊ O OKKOTSU?
TADAM

CALEM A BOCA E PASSEM OS DOCES DE CORTESIA PRA CÁ.
VAMOS, CADÊ O YATSUHASHI, O KUZUKIRI, O SOBÁ BOURO?
SHAKE.
TÁ COM FOME, POR ACASO?
QUE MEDO.
GUH
MOMO NISHIMIYA
Aluna do 3º ano da Escola de Kyoto
MESMO SEM O OKKOTSU...
...NÃO ACHAM DESVANTAGEM DEMAIS USAR DOIS ALUNOS DO PRIMEIRO ANO?
UM ROBÔ! TEM UM ROBÔ!!
(KUGISAKI)
ULTIMATE MEKAMARU
Aluno do 2º ano da Escola de Kyoto
A IDADE NÃO IMPORTA PARA UM FEITICEIRO JUJUTSU.
PRINCIPALMENTE O FUSHIGURO-KUN.
ELE TEM PARENTESCO COM O CLÃ ZENIN E...
NORITOSHI KAMO
Aluno do 3º ano da Escola de Kyoto

...É MUITO MAIS HABILIDOSO DO QUE OS MEMBROS DO CLÃ PRINCIPAL.
PEGA LEVE.
TSC!
O QUE FOI?
NADA.
CHEGA.
NÃO BRIGUEM ENTRE SI.
O QUE EU FAÇO COM VOCÊS, HEIN?
UTAHIME IORI
Líder do grupo da Escola de Kyoto e feiticeira jujutsu nível pré 1
E ONDE ESTÁ AQUELE IDIOTA?

O SATORU ESTÁ ATRASADO.
É CLARO QUE O IDIOTA NÃO SERIA PONTUAL.
NINGUÉM FALOU QUE O "IDIOTA" SE REFERIA A ELE.
DODODODODOH
DESCULPEM PELA DEMORA!!
SATORU GOJOU!
TSC!
É O SATORU GOJOU!!
AH, ESTÃO TODOS AQUI?
TINHA IDO PRO EXTERIOR A TRABALHO, SABE?
GRAAAH
COMEÇOU A HISTÓRIA.

AQUI, LEMBRANCINHAS.
PARA O PESSOAL DE KYOTO, UM AMULETO DE UMA TRIBO AÍ.
NÃO TEM PRA UTAHIME, TÁ?
EU NÃO QUERO!!
E PARA O PESSOAL DE TOKYO, AQUI ESTÁ!!
VRUP
UM ADULTO ANIMADO É SINISTRO, NÉ?
PLAC
É O FALECIDO YUUJI ITADORI-KUN!!
E AÍ?! BELEZINHA?!
TADAAAM

HÃÃÃÃÃ?!
NÃO PARECEM...
...NADA CONTENTES!!
ガラガラガラ
GRAAAH
O PESSOAL DE KYOTO...
...SÓ ESTÁ INTERESSADO NOS PRESENTES!

O RECEPTÁ-CULO DO SUKUNA?!
REITOR GAKUGANJI!
AH, QUE BOM!
O QUE SIGNIFICA ISSO?
HUH, HUH!
QUE BOM QUE NÃO MORREU DE SUSTO.
FIQUEI PREOCUPA-DO.

SEU PIRRALHO.
EI.
ガン
TUM
AH.
SIM?
NÃO TEM NADA PRA FALAR, NÃO?
HEIN?
DESCULPA POR TER ESCONDIDO...
...QUE ESTAVA VIVO E TUDO MAIS...
Itadori se junta ao grupo.

Mesmo sem ser uma piada suja ou relacionada ao gênero, às vezes a atmosfera fica bem tensa quando um garoto fala alguma coisa que pensou ser engraçada, mas que as garotas não acharam a menor graça, né? Não?

Comigo acontece bastante... foi pensando nisso que criei o capítulo 32. Acho que, nesses casos, não importa se você é homem ou mulher. Depende de cada um.

Capítulo 33 Intercâmbio da Escola Irmã de Kyoto
Torneio em equipe – Parte 0

O PRIMEIRO DIA DO INTERCÂMBIO DA ESCOLA IRMÃ DE KYOTO CONSISTE NO TORNEIO EM EQUIPES: "A CORRIDA MALUCA PARA EXORCIZAR A MALDIÇÃO CHIKICHIKI".
NÍVEL 2
VENCE A EQUIPE QUE EXORCIZAR PRIMEIRO A MALDIÇÃO DE NÍVEL 2 QUE FOI SOLTA EM UMA DETERMINADA ÁREA!!
É CLARO QUE PODEM SABOTAR A OUTRA EQUIPE, MAS LEMBREM-SE DE QUE, NO FIM DO DIA, VOCÊS AINDA SÃO ALIADOS.
PAF! PAF!
GIIRL
PROMOVEMOS O INTERCÂMBIO PARA QUE VOCÊS CONHEÇAM MELHOR SEUS COMPANHEIROS E A SI MESMOS.

TAMBÉM EXISTEM VÁRIAS MALDIÇÕES DE NÍVEL 3 E ABAIXO NA ÁREA. CASO NÃO CONSIGAM EXORCIZAR A MALDIÇÃO DE NÍVEL 2 ATÉ O PÔR DO SOL...
...A VITÓRIA É DA EQUIPE QUE TIVER EXORCIZADO MAIS MALDIÇÕES!!
ESSAS SÃO AS REGRAS!!
É PROIBIDO MATAR OU MACHUCAR GRAVEMENTE SEUS ADVERSÁRIOS.
......
HI, HI!
クスクス
ISSO É TUDO. ESTÃO DISPENSADOS ATÉ O MEIO-DIA, QUANDO A PROVA COMEÇA.
GIIIRC
ギリギリ

Reunião da equipe da
Escola Técnica de Tokyo
ERR... ISSO É...
DEPENDENDO DA PERSPECTIVA, ISSO PODE SER CONSIDERADO UM BULLYING PESADO, HEIN?
CALA A BOCA. VAI FICAR ASSIM POR UM TEMPO.
BOM, ELE EXPLICOU A SITUAÇÃO, NÉ?
ACHO QUE DEVE PERDOÁ-LO DE UMA VEZ.
ELE FALA!
SHAKE, SHAKE.
O QUE DISSE?

INUMAKI-SENPAI USA FALA AMALDIÇOADA.
PODE AUMENTAR OU REFORÇAR O EFEITO DAS PALAVRAS.
ELE LIMITA O PRÓPRIO VOCABULÁRIO POR QUESTÃO DE SEGURANÇA.
ENTÃO SE ELE DISSER "MORRA", O ADVERSÁRIO MORRE?
QUE PODER!
NÃO É TÃO SIMPLES QUANTO PARECE.
DEPENDE DA DIFICULDADE DO COMANDO. É CASO A CASO.
QUANTO MAIS FORTE A PALAVRA, MAIS FORÇA É EXIGIDA. NA PIOR DAS HIPÓTESES, AS PALAVRAS PODEM ATÉ SE VOLTAR CONTRA ELE.
LIMITAR O VOCABULÁRIO TAMBÉM SERVE PARA PROTEGER A SI MESMO.
HMM. E COMO É QUE VOCÊ CONSEGUE FALAR?
TÁ EXPLICANDO A TÉCNICA DOS OUTROS.
TUDO BEM. A TÉCNICA DO TOGE É DE OUTRO NÍVEL.
MAIS IMPORTANTE QUE ISSO...
YUUJI.
DEVOLVE A TOZAMA.
O SATORU TE EMPRESTOU, NÉ?

SERÁ QUE...
1
EMPRESTA?
TOMA!
2
CADÊ?
EU QUEBREI...
ESTÁ COM... O PROFESSOR GOJOU...
......
TSC!
AQUELE VENDADO IDIOTA.
へぶしっ
ATCHIM!
COMO VAMOS AGIR?
VAMOS MUDAR DE ESTRATÉGIA COM UM MEMBRO EXTRA? NÃO TEMOS TEMPO.
OKAKA.
ISSO DEPENDE DO YUUJI.
O QUE VOCÊ SABE FAZER?
SOCAR E CHUTAR.
ISSO A GENTE TEM DE SOBRA.
NÃO SEI O QUE ELE FEZ ENQUANTO ESTEVE MORTO, MAS...
...NUM COMBATE SEM ENERGIA AMALDIÇOADA ENTRE OS MEMBROS DA ESCOLA DE TOKYO E DE KYOTO...
グッ
GUH
グッ
GUH

...O ITADORI GANHA.
VINDO DE ALGUÉM QUE JÁ ENFRENTOU O TODOU, TEM ALGUMA CREDIBILIDADE.
INTERES-SANTE.
Reunião da equipe da Escola de Kyoto

MATEM O RECEPTÁCULO DO SUKUNA, YUUJI ITADORI.
AQUILO NÃO É UM HUMANO. FAREMOS COM QUE PAREÇA UM ACIDENTE.
NÃO PRECISAM TEMER E NEM HESITAR.
CREDO.
MATAR COMO? ELE ESTÁ AQUI PORQUE NÃO MORRE, NÃO É?
SIM.
MATAR COM ENERGIA AMALDIÇOADA, PARA IMPEDIR QUE SE TORNE UMA MALDIÇÃO.
OUVI DIZER QUE A MORTE DELE FOI "SUICÍDIO".
COM O QUE SE DEVE TER CUIDADO AO DAR O GOLPE DE MISERICÓRDIA EM UM FEITICEIRO INIMIGO...
...KAMO?

CORRETO.
SE O MATAREM COM ENERGIA AMALDIÇOADA, NÃO TERÃO PROBLEMAS.
NO MOMENTO, O CORPO É CONTROLADO PELO YUUJI ITADORI.
SEM O SUKUNA, ELE É APENAS UM ESTUDANTE DO PRIMEIRO ANO.
SERÁ UMA TAREFA FÁCIL.
PRAK
RIDÍCULO. FAÇAM COMO QUISEREM.
TODOU, VOLTE AQUI.

O REITOR NÃO TERMINOU DE FALAR.
A TAKADA-CHAN VAI APARECER COMO CONVIDADA NO PROGRAMA DE PASSEIO A PARTIR DAS 11 HORAS.
PRECISO EXPLICAR MAIS?
BASTA GRAVAR O PROGRAMA.
VOLTE.
VOU GRAVAR E ASSISTIR AO VIVO TAMBÉM.
TÁ DE BRIN-CADEIRA?
GRR

BRR
QUEM SE IMPORTA?
BRR
OUÇAM BEM.
BRR
O VELHO TAMBÉM.
BRR
JÁ FAZ TEMPO QUE ESTOU DESAPONTADO COM TODOS VOCÊS, QUE NÃO TÊM GOSTO PRA MULHER.
FAÇAM SUAS ESTRATÉGIAS E TRUQUES À VONTADE.
MAS NÃO TENTEM ME DAR ORDENS...
...OU EU MATO VOCÊS.

O QUE VAMOS FAZER? ASSIM, NÃO ADIANTA COMBINAR NENHUMA ESTRATÉGIA COM ELE.
ATÉ O REITOR SUMIU DAQUI.
NÃO QUERO SER MORTA POR ELE.
TUDO BEM.
ELE VAI DIRETO ATACAR A EQUIPE DE TOKYO.
MAS PRECISAMOS MATAR O YUUJI ITADORI, NÃO É?
SERÁ QUE O TODOU NÃO LUTARIA ATÉ MATÁ-LO?
ELE SERIA BEM CAPAZ DE FAZER ISSO.
ENQUANTO OS ENFRENTA, PODEMOS NOS CONCENTRAR NA CAÇA À MALDIÇÃO.
VAMOS FAZER ISSO MESMO?

SE FOR ASSIM, PRECISAMOS DE ALGUÉM PARA SUPERVISIONAR O TODOU E DAR O GOLPE DE MISERICÓRDIA NO YUUJI ITADORI.
EU NÃO QUERO.
TEM AS OUTRAS MALDIÇÕES TAMBÉM. VAMOS NOS DIVIDIR EM DUPLAS E VAI DAR TUDO CERTO.
NÃO.
A PRESENÇA DE ALGUÉM COMO YUUJI ITADORI ENTRE OS FEITICEIROS DAS ESCOLAS DE JUJUTSU É ALGO GRAVE.
ISSO NÃO É UMA QUESTÃO RELATIVA APENAS AO INTERCÂMBIO. COMO HERDEIRO DO CLÃ KAMO, NÃO POSSO SIMPLESMENTE IGNORAR.
TODOS NÓS...
...VAMOS ATACAR O YUUJI ITADORI.

ESPERA.
O QUE VAMOS FAZER SE O ITADORI-KUN E O INUMAKI-KUN ESTIVEREM JUNTOS?
É ARRISCADO O GRUPO TODO ENFRENTAR UM FEITICEIRO QUE USA FALA AMALDIÇOADA.
PODEMOS TODOS ACABAR DERROTADOS DE UMA SÓ VEZ.
TEM RAZÃO.
NÃO. ELE NÃO REPRESENTA UMA GRANDE AMEAÇA SE SOUBERMOS QUANDO VAI ATACAR.
DEIXA A MAKI COMIGO.
SE POSSÍVEL, AQUELA DO PRIMEIRO ANO TAMBÉM.
ATÉ PARECE O TODOU, FALANDO DESSE JEITO.
TOC
コトッ

SOBRE O QUE QUER CONVERSAR?
?
POR QUE ESTÁ BRAVA?
NÃO ESTOU BRAVA.
POIS É! EU NÃO FIZ NADA DE ERRADO!
EXISTE ALGUÉM NAS ESCOLAS DE JUJUTSU QUE MANTÉM CONTATO COM UM FEITICEIRO DAS TREVAS... OU UMA MALDIÇÃO.
!!

IMPOS-SÍVEL!!
PODE ATÉ SER COM UM FEITICEIRO, MAS COM UMA MALDIÇÃO?!
ALGUMAS MALDIÇÕES ESPECIAIS TÊM APARECIDO COM FREQUÊNCIA ULTIMAMENTE.
TALVEZ O ESPIÃO PENSE QUE ESTÁ EM CONTATO COM UM FEITICEIRO.
QUERO QUE INVESTIGUE A ESCOLA DE KYOTO, UTAHIME.
......
E SE EU FOR A ESPIÃ?
NEM PENSAR.
VOCÊ É FRACA.
E NEM TERIA CORAGEM PRA ISSO, NÉ?
VUP
SPLASH

QUE MEDO!!
NINGUÉM GOSTA DE GENTE HISTÉRICA, HEIN?
EU!!
SOU!!
SUA VETERANA!!
ITADORI.
VOCÊ ESTÁ BEM?
SIM. PARECE QUE MEU PAPEL É IMPORTANTE, MAS TÔ TRANQUILO.
ACONTECEU ALGUMA COISA, NÃO É?
NÃO É ISSO.
HÃ?
DO QUE VOCÊ TÁ FALANDO?

......
SIM.
MAS É VERDADE QUE ESTOU BEM.
NA VERDADE, O QUE ACONTECEU ME DEU FORÇAS. NÃO QUERO PERDER PRA MAIS NINGUÉM.
CERTO, ENTÃO.
EU TAMBÉM...
...MEIO QUE... NÃO QUERO PERDER.
COMO ASSIM, "MEIO QUE"? QUER PERDER SÓ UM POUCO?
VAI SER UMA VITÓRIA ESMAGADORA!! VAMOS ACABAR COM ELES!! PELA MAKI-SAN!!
PARA COM ISSO.
MENTAIKO!
SIM! PELA MAKI-SAN!
HE, HE! ENTÃO...

TADAM
...VAMOS
VENCER.
TUMP
ALGUÉM
TE NOMEOU
LÍDER, POR
ACASO?

Me perguntaram bastante sobre este quadro.

Gojou estava sendo punido por três razões:

- Por ter escondido que o Itadori estava vivo;
- Por ter provocado o reitor Gakuganji;
- Só por ser irritante mesmo.

Gojou poderia ter se defendido usando sua técnica, mas ele confia no reitor e compreendeu a situação. Afinal, estavam na frente dos estudantes.

Capítulo 34 Intercâmbio da Escola Irmã de Kyoto
Torneio em equipe – Parte 1

FALTA UM MINUTO PARA O INÍCIO DA PROVA. VAMOS OUVIR AS PALAVRAS DE ENCORAJAMENTO DA PROFESSORA UTAHIME!
HÃÃ?!
E-ERR...
A-ALGUNS MACHUCADOS VÃO ACONTECER, MAS...
...ERR... TENTEM AQUELA COISA DE AJUDAR UNS AOS OUTROS...
PRONTO, DEU A HORA.
GOJOU!! VOCÊ, HEIN?
O INTERCÂMBIO DA ESCOLA IRMÃ DE KYOTO...

CADÊ O TODOU?
POR QUE EU SABERIA?
A GENTE NÃO PODE COLABORAR UM COM O OUTRO?
...VAI COMEÇAR!!!
RESPEITA SUA VETERANA!!
PIIIIH!
GRAH
COMO É?!
RIDÍCULO.

"KYOTO"
"TOKYO"
DEVEM TER LIBERTADO A MALDIÇÃO NUMA DISTÂNCIA MÉDIA ENTRE OS DOIS GRUPOS.
ONDE O CHEFÃO ESTÁ?
MAS ELA NÃO VAI FICAR PARADA POR MUITO TEMPO.
QUANDO A TAL SITUAÇÃO ACONTECER, VAMOS NOS DIVIDIR NOS GRUPOS PANDA E MEGUMI, OS MAIS HABILIDOSOS EM BUSCA.
DEIXO O RESTO COM VOCÊ, YUUJI.
TÁ!!
AU!
!!
TAP, TAP

ZAZAZAZAH
PRA ONDE VÃÃÃO?
UM NÍVEL 3.
ZAH
SENPAI, ESPERA!!

GAH
ÓTIMO!!
ESTÃO TODOS AQUI!

PRAK
PODEM VIR...
...TODOS JUNTOS!!

TUM
ZAZAH
ESPALHEM-
SE!!
ZAH

O TODOU ESTAVA SOZINHO, NÉ?
FOI UMA BOA IDEIA TER TROCADO O YUUJI.
EU JÁ SABIA, MAS ELE É UM MONSTRO.
SIM. POR ISSO, IGNORA.
ATUM.
TENHO CERTEZA QUE O TODOU VAI NOS ATACAR DIRETAMENTE.
TALVEZ A MAI APROVEITE E APAREÇA PRA ME ATACAR TAMBÉM.

O TODOU É UM MONSTRO.
A PIOR SITUAÇÃO QUE PODE ACONTECER É ELE ACABAR COM TODOS NÓS DE UMA VEZ.
POR ISSO, PRETENDIA DEIXAR O PANDA OU O MEGUMI PRA TRÁS PARA MANTÊ-LO OCUPADO, MAS...
...ITADORI.
VOU DEIXAR ISSO COM VOCÊ.
QUERO MAIS GENTE LIVRE PRA FAZER A BUSCA.
NÃO PRECISA VENCER. SÓ RESISTIR E GANHAR O MÁXIMO DE TEMPO QUE CONSEGUIR.
PODE IR COM TUDO!
HONESTAMENTE, NÃO TEM PROBLEMA SE PERDER, JÁ QUE VOCÊ FOI UM REFORÇO INESPERADO NA EQUIPE.
QUE CRUÉIS.
FOI MAL, MEGUMI. VOCÊ QUERIA ENFRENTAR O TODOU, NÉ?
NÃO. PRA MIM, TANTO FAZ.
QUANTA EMPOLGAÇÃO.
SENPAI, SE FOR PRA BRIGAR...

...EU VOU
VENCER.
VUP

VOCÊ ATÉ QUE É VELOZ.
PFT!
FALA SÉRIO. EU ACERTEI UM GOLPE EM CHEIO.
VOU REVIDAR, NOVATO!
ZUZUZUZUH
CAPRICHA NA DEFESA AÍ!

GLUP
ONDEEEE?
PYON
ピョン
FWAH
ファッ

PLOSH
EU AINDA... TENHO MEUS BRAÇOS, NÉ? ACHEI QUE TINHAM SIDO DESTRUÍDOS. SE A MALDIÇÃO NÃO TIVESSE ENTRADO NA FRENTE, ACHO QUE TERIA SIDO PIOR.

CRASH
BRR
BRR
ビリ
ビリ
AH!

TUM
THUD
PIK
PIK
GOGOH
PLISH
GOH
TUM
THUD
PITAH

ZRR
JÁ ACABOU?
BOM...
...DE QUAL DELES VOU ATRÁS AGORA?
!!
HU, HU!
ZAP

FALA SÉRIO.
POR QUE SOCAR MINHA CABEÇA DESSE JEITO?
E SE EU FICAR MAIS BURRO AINDA?
NÃO SE PREOCUPE.
A TAKADA-CHAN DIZ QUE "É BOM QUE UM CARA SEJA UM POUQUINHO BURRO".
QUEM É ESSA DAÍ? NÃO TENHO INTERESSE EM IDOLS.
GOSH
GOSH
ENTÃO COMO SABE QUE É UMA IDOL?
VOCÊ CONHECE.

QUAL É
O SEU NOME,
CALOURO?
YUUJI
ITADORI.
É
MESMO?
YUUJI
ITADORI.
TENHO UMA
PERGUNTA
PRA VOCÊ.
DE QUE
TIPO DE
MULHER...
...VOCÊ
GOSTA?
ZUH
JUJUTSU KAISEN - VOLUME 4: FIM

EXTRA

O problema da letra horrorosa de Gege Akutami

RESPOSTA: ① "TO", "WO". ② "RE", "NE". ③ "RO", "U", "RA".

EXTRA 2

※ UM MANGAKÁ SUPER FAMOSO.

QUERO LAVAR ESTA PEÇA.
O SENHOR SABE DO QUE É A MANCHA?
AH, ISSO...
...FOI UM SORVETE QUE DERRETEU QUANDO GUARDEI NO MEU BOLSO.
Nas lavanderias, perguntamos o máximo possível sobre o tipo de mancha da roupa. Isso ajuda a garantir a remoção da sujeira.
SORVETE... NO BOLSO?
COLOCOU UM COPINHO DE SORVETE NO BOLSO...
...QUE DERRETEU E ACABOU VAZANDO?
NÃÃÃO!
ERA UM PICOLÉ!
AH, HÁ, HÁ, HÁ, HÁ!
アッハッハッハッ
Existem tipos e tipos de pessoas.

TOMEM CUIDADO COM ADULTOS QUE NÃO RESPEITAM O ESPAÇO PESSOAL.
NOS VEMOS NUMA PRÓXIMA OPORTUNIDADE.
NÃO SOU IGUAL A ELE!!
(GOJOU)

JUJUTSU KAISEN

BATALHA DE FEITICEIROS

GLOSSÁRIO

CASSE-CROÛTE: Em francês, significa comer um sanduíche no lugar de uma refeição. No Japão, a palavra indica um sanduíche feito com baguete.

JOGO DA LINHA YAMANOTE: Jogo em que os participantes dizem os nomes das estações da linha ferroviária Yamanote, mas podem ser usados outros temas, como nomes de países ou frutas, dentre outras coisas. Se o participante errar, é estipulada uma punição.

KUZUKIRI: Sobremesa tradicional japonesa feita do pó da raiz da planta kudzu.

MENTAIKO: Prato japonês feito com ovas de peixe curtidas em molho de pimenta.

MURYOU KUUSHO: Do japonês, "vácuo imensurável".

OKAKA: Lascas de bonito, geralmente utilizadas em molhos ou caldos da culinária japonesa.

ORIZUKI: Do japonês, pode ser traduzido como "refugo da lua".

SHAKE: Do japonês, "salmão".

SHIKIGAMI: Espírito invocado para servir seu mestre onmyouji (um tipo de místico esotérico conjurador

SOBÁ BOURO: Sobremesa tradicional japonesa feita com farinha de sobá e ovos.

TODO MUNDO EM PÂNICO: Franquia estadunidense que compreende cinco filmes de paródia com foco principalmente em títulos de terror, lançados entre os anos de 2000 e 2013.

YATSUHASHI: Doce japonês vendido principalmente como souvenir, feito de farinha de arroz glutinoso açúcar e canela.

PARE AÍ!

VOCÊ TÁ LENDO O MANGÁ AO CONTRÁRIO!

JUJUTSU KAISEN é publicado no sentido oriental de leitura. Portanto, o começo da história fica do outro lado. Para ler os balões, siga a ordem de cima para baixo e da direita para a esquerda, conforme o exemplo.

JUJUTSU KAISEN

PANINI GROUP
CEO América Latina: Ivam Faria
Diretor de Publicação e Licenciamento: Marco M. Lupoi
Gerente Editorial e Licenciamento Mangá: Montserrat Samón

PANINI BRASIL LTDA.
Diretora de Marketing e Editorial, Colecionáveis e Publicações: Martina Limoni; Diretor Administrativo e Financeiro: Fábio Trigo Martins; Diretor de Distribuição: Gilberto Finotto Gil; Gerente Editorial: Guilherme Kroll; Especialista de Licenciamento: Sandra Fujishiro; Editor: Pedro Catarino; Assistente Administrativa: Bruna Tiemi Okubo; Analista de Marketing Sênior: Camila Fernandes Martins; Gerente de Distribuição: Genésio Cruz Oliveira Jr.; Coordenador de Inteligência Comercial: Rodrigo Felipe Lucizano

PUBLICIDADE comercial@panini.com.br

ASSESSORIA DE IMPRENSA assessoriadeimprensa@panini.com.br

PLANEJAMENTO E CONTROLE DE PRODUÇÃO
Gerente Industrial: Edson Aprijo de Farias

Esta publicação foi impressa na Gráfica Corprint.
Distribuída em todo país por PANINI BRASIL LTDA.

JUJUTSU KAISEN é uma publicação especial da Panini Brasil Ltda.
Administração e Publicidade: Alameda Caiapós, 425
Centro Empresarial Tamboré – Barueri – SP – Brasil. CEP 06460-110
Edição brasileira: Panini Brasil Ltda. É proibida a reprodução total ou parcial desta obra sem a autorização prévia dos editores.
Lançamento: Janeiro/2025

Dados Internacionais de Catalogação na Publicação (CIP)
(Ana Lúcia Merege 4667/CRB-7)

Akutami, Gege
Jujutsu Kaisen : v. 4 / texto e arte por Gege Akutami; tradução por Lidia Ivasa. – Barueri, SP : Panini Brasil, 2025.

ISBN 978-65-5512-818-5 (Capa brochura)

1. Histórias em quadrinhos I. Ivasa, Lídia II. Título

CDD 741.5

Índice para catálogo sistemático:
1. Histórias em quadrinhos 741.5

EDIÇÃO ORIGINAL: Draco
Redação: Erick Santos Cardoso, Emanoela L. Salamandra
Arte: Miguel Ângelo Tessitore

EDIÇÃO DA REIMPRESSÃO Axia Editorial.
Redação: Leonardo Camargo, Rodrigo Oliveira e Ana Fontana
Letras: Lucas Araujo

MISTO
Papel | Apoiando o manejo florestal responsável
FSC® C119624
www.aner.org.br
www.fsc.org